Erich Meinert

An der Grenze des Glaubens

Eine Auseinandersetzung mit dem Atheismus

D1919145

VERGAG GOLDENE WORTE STUTTGART-SILLENBUCH

ISBN 3-87268-073-0

Alle Rechte vorbehalten
© Verlag Goldene Worte, Stuttgart-Sillenbuch
Druck: St.-Johannis-Druckerei C. Schweickhardt, 763 Lahr-Dinglingen
Printed in Germany 12650/1973

Inhalt

Geleitwort

In dieser Schrift geht es um das Herz des Menschen. Ich gebrauche mit Bedacht dieses alte Wort „Herz“, obgleich es heute mißdeutet oder verachtet wird. Es meint nämlich nicht das, was viele darunter fälschlicherweise verstehen: es meint die Person-Mitte des Menschen. Hier fallen die Entscheidungen unseres Lebens für Zeit und Ewigkeit. Denken geht voraus, Denken folgt nach: aber in dieser Mitte geschieht die Entscheidung des Herzens, aus der wir leben. Hier hat keine Wissenschaft mitzusprechen, hierher reicht keine Philosophie.

Der Verfasser dieser Schrift, beruflich an der Universitätsbibliothek in Stuttgart tätig, führt mit dem modernen Atheisten kein akademisches Gespräch, sondern tritt ihm mit der einen entscheidenden Frage des Lebens entgegen, die gelöst sein muß, wenn unser Herz in diesem Leben Sinn finden und unser Leben Frucht bringen soll.

Möchten doch viele junge Menschen diesen Anruf hören und ihm folgen! Möchten sie dann aber auch denkerisch das Nötige tun, damit sie genau unterscheiden zwischen der Lebens-Entscheidung der Herz-Mitte ihres Lebens auf der einen und aller wissenschaftlichen und philosophischen Bemühung auf der anderen Seite! Hier handelt es sich um zwei verschiedene Ebenen unseres Lebens. Wir sollten uns durch den modernen Wissenschafts-Aberglauben nicht verwirren lassen.

Wer dem Zeugnis dieser Schrift begegnet und ergriffen worden ist, wer hier weiterkommen will in denkender Erfassung dieser letzten Fragen, der sei auf das Werk des evangelischen Philosophen und Theologen Prof. Karl Heim verwiesen, das aus ähnlicher Bemühung entstanden ist: „Glaube und Denken“. Aber auch der Gegner der Christus-Botschaft sollte sich hier bemühen, damit er sachgemäß kämpft und genau weiß, worum es geht. Nichts ist schlimmer als nebelhafte Unklarheit! Doch Erich Meinerts Schrift ist von wohltuender Klarheit, denn sie ist von der Sonne der Wahrheit durchleuchtet!

Friso Melzer
Dr. phil. Dr. theol.

Wir sind unsicher

Das Christentum hat ein ehrwürdiges Alter erreicht. Es hat viele Angriffe von außen überstanden und ist an seinen eigenen Sünden nicht zugrunde gegangen. Mit Waffen des Geistes und Waffen des Fleisches ist es bekämpft worden, es wurde nicht besiegt. Unzählige Gläubige, aber nicht den Glauben vermochte man auszurotten. Fremde Religionen konnten das Christentum nicht für immer verführen, das Gift atheistischer Ideen hat es nicht getötet, und im Rausch der eigenen Macht ging es nicht unter. Das Christentum ist noch vorhanden. Es lebt und wirkt noch in der Welt.

Doch heute ist nicht die Zeit der Triumphlieder. Unsere Generation ist Zeuge eines beispiellosen Niedergangs des Glaubens. Mächtige, siegreiche Feinde ringsum und im Innern Verrat und Aufstand. Die ehemals geschlossene christliche Gesellschaft löst sich auf. Die Menschen verlassen ihre alte geistige und geistliche Heimat, denn sie glauben entdeckt zu haben, daß Gott tot und der Glaube ein Irrtum ist. Überall, weltweit und in nächster Nähe, werden die Bindungen an Gott verworfen. Unzählige Menschen treffen für sich die Entscheidung, keine Christen mehr zu sein.

Wir fragen uns betroffen, ob das Christentum auch nur eine Religion neben anderen Religionen ist, wie alles in der Welt, dem Gesetz des Werdens und Vergehens unterworfen? Die Verheißung Jesu, daß die Pforten des Hades seine Gemeinde nicht überwältigen werden, will uns nicht immer trösten, denn Jesus selbst wird unter den Angriffen des Unglaubens zu einer umstrittenen Person. Gewiß, wir erfahren immer wieder Stärkung im Glauben, aber diese Erfahrungen werden seltener. Die Zeiten der Glaubensgewißheit werden kürzer und die Durststrekken der Ungewißheit länger. Und schon müssen viele christliche Eltern vor ihren heranwachsenden Kindern verstummen — sie wissen keine Entgegnung auf deren atheistische Argumente. Längst ist es keine Neuigkeit mehr, daß „christliche Theologen" die Existenz Gottes und die Auferstehung Jesu Christi leugnen. Das Wort vom „großen Abfall" geht um. Wir werden unsicher. In die Isolierung gedrängt, sehen wir, wie die Welt ohne

Gott und ohne uns ihren Lauf nimmt. Der Atheismus feiert seine Triumphe. Hilf- und ratlos müssen wir zusehen, wie eine Welt untergeht und eine neue heraufkommt, vor der uns graut.

Wie zu allen Zeiten des Niederganges wird auch heute die Frage laut, was der unzerstörbare, der „harte Kern“ unseres Glaubens ist? Was ist es, das uns angesichts des allgemeinen Abfalls nicht an Gott irre werden läßt? Wir möchten es verständlich ausdrücken und vor den Menschen überzeugend vertreten können. Wir möchten durch eine vollmächtige Darlegung unserer Glaubensgründe die Jugend vor den atheistischen Verführern retten. Und es ist uns klar, daß es hier nicht um religiöse Gefühle geht, sondern um die glaubwürdige Beschreibung eines Sachverhalts. Doch hier wird auch unser Mangel offenbar. Wir wissen, daß wir unmöglich unseren Glauben aufgeben können, vermögen aber nicht deutlich zu erklären, weshalb wir es nicht können. Wir halten fest, aber es fällt uns schwer zu sagen, weshalb wir festhalten. Wir benennen und bekennen Gott und seine Offenbarung in Jesus Christus als den Gegenstand unseres Glaubens, geraten aber in Schwierigkeiten, wenn wir zu einer näheren Erklärung aufgefordert werden. Sowohl im stillen Kämmerlein, als auch in der Öffentlichkeit mangelt es uns nicht selten an einer letzten Gewißheit, an der „vollen Gewißheit des Glaubens“. Oft bleiben uns nur Beschämung und Gesten der Hilflosigkeit.

Was ist zu tun?

Zuerst müssen wir wissen, daß die Antwort nur eine Formulierungshilfe sein kann. Weil wir Christen sind, können wir auch hier im Grunde nichts anderes erwarten als das, was schon immer unsere entscheidende Glaubenserfahrung gewesen ist. Doch diese Erfahrung soll in einer Weise ausgesprochen werden, daß sie uns in der Auseinandersetzung mit dem Unglauben und den Argumenten des Atheismus zu einer entscheidenden Hilfe wird. Es handelt sich also um „Vergewisserung“, um „Festmachen im Glauben“ im Hinblick auf den fortschreitenden Atheismus unserer Zeit. Dabei können wir nur von Jesus selbst, „dem Anfänger und Vollender unseres Glaubens“, lernen. *Ohne* ihn können wir nichts tun. *Mit* ihm können wir alles erreichen, was er uns verheißen hat.

Das Beispiel Jesu

Jesus wußte, daß es Dinge im Reiche Gottes gibt, die für sich selbst sprechen und gleichzeitig überzeugend auf den Gott hinweisen, den die Menschen vergeblich suchen. Es sind Glaubensgüter und Kraftwirkungen, die wortreiche theologische und philosophische Grundsatzerklärungen überflüssig machen. Sie entziehen sich dem leichtfertigen Spott und dem Widerspruch des Unglaubens, weil sie Antworten Gottes sind auf uralte und immer lebendige Fragen und Sehnsüchte der Menschen. Sie sind für jeden erkennbar und tief gegründet in der Wirklichkeit Gottes und den Erlebnissen derer, die ihn erfahren haben. Wer sie anzugreifen versucht, der stößt auf eine unüberwindliche Kraft und bringt sich selbst in die größten Schwierigkeiten. Wenn wir uns in der Auseinandersetzung mit dem Unglauben und den Argumenten des Atheismus an das Vorbild Jesu halten, das wir hier betrachten wollen, dann verändert sich die Szene sehr schnell. Es wird hell um uns, und unser Glaube erweist sich als die Kraft, welche die Welt überwindet.

An einem Beispiel aus seinem Leben können wir beobachten, wie er überzeugend und erfolgreich einen Gotteswert an die Stelle vieler Worte setzt. Von ihm als dem großen Meister der kurzen und bündigen Gesprächsführung können wir hier lernen, die Fangfragen des Atheismus abzuwehren und unsere Angreifer in eine aussichtslose Verteidigung zu drängen.

In Matthäus 21, 23—27 lesen wir:

> „Und als er in den Tempel kam und lehrte, traten zu ihm die Hohenpriester und Ältesten des Volkes und sprachen: Aus was für Vollmacht tust du das, und wer hat dir die Vollmacht gegeben? Jesus aber antwortete und sprach zu ihnen: Ich will euch auch ein Wort fragen; wenn ihr mir das sagt, so will ich euch auch sagen, aus was für Vollmacht ich das tue. Woher war die Taufe des Johannes? War sie vom Himmel oder von den Menschen? Da bedachten sie's bei sich selbst und sprachen: Sagen wir, sie sei vom Himmel gewesen, so wird er zu

uns sagen: Warum glaubtet ihr ihm denn nicht? Sagen wir aber, sie sei von Menschen gewesen, so müssen wir uns vor dem Volk fürchten, denn sie halten alle Johannes für einen Propheten. Und sie antworteten Jesus und sprachen: Wir wissen's nicht. Da sprach er zu ihnen: So sage ich euch auch nicht, aus was für Vollmacht ich das tue."

Dieses Gespräch ist von anderer Art als unsere oft langwierigen und ergebnislosen Auseinandersetzungen mit den Gegnern des Christentums. Hier wurde eine Erörterung, die nur als Störaktion gedacht war, schon im Entstehen blockiert. Und die Frager wurden, wie ihre Unterredung beweist, von der Unlauterkeit ihrer Absicht überführt. Jesus läßt sich nicht auf ein theologisches Streitgespräch ein, sondern er stellt eine Gegenfrage und überläßt es seinen Gegnern, damit fertig zu werden. Und die anscheinend leichthin aufgeworfene Frage erwies sich für die Pharisäer und Ältesten als ein unüberwindliches Hindernis. Die Taufe des Johannes, der als Herold Jesu bekannt war, stand bei dem jüdischen Volk in hohem Ansehen. Wer sie antastete, der isolierte sich selbst und wurde zum Außenseiter. Er geriet in den Ruf, ein Feind Gottes zu sein, ein Feind der Buße und ein Feind der Vergebung. Und Jesus machte ganz bewußt und auch ganz einfach von der im Volk herrschenden Überzeugung Gebrauch. Er verteidigte nicht sich und seine „Vollmacht" und brachte trotzdem seine Gegner vollmächtig zum Schweigen.

Auch wir werden heute gefragt, „aus was für Vollmacht wir das tun". Wir werden von allen Seiten bestürmt, den Grund unseres Glaubens logisch verständlich darzulegen. Man will von uns wissen, wie wir dazu kommen, das Wort Gott in den Mund zu nehmen. Und wir müssen Rede und Antwort stehen. Deshalb fragen wir, was uns heute, entsprechend dem Beispiel Jesu, als Antwort zur Verfügung steht. Was kann in unserer Zeit die Aufgabe der „Taufe des Johannes" übernehmen? Welcher göttlichen Kraftwirkung, welchem besonderen christlichen Glaubensgut kann der Atheismus heute nicht widersprechen?

Auf den ersten Blick scheint es schwer zu sein, hier bald eine

Antwort zu geben. Eine Umfrage würde sehr wahrscheinlich eine große Anzahl verschiedener Auskünfte ergeben. Vielfältig sind die Bedürfnisse und Glaubenserlebnisse der einzelnen Christen, und die Bibel sagt: „Es ist über sie allzumal der eine Herr, reich für alle, die ihn anrufen" (Röm. 10, 12). Trost und Heilung, Sinngebung und Freude, Zurechtbringung und Rettung, Vergebung und Friede, Liebe, Geduld, Hoffnung . . . — alle diese und andere Gaben empfangen wir, und eine Wertung derselben scheint uns ganz von der persönlichen Erfahrung und Wertschätzung des einzelnen abhängig zu sein. Deshalb versuchen auch die meisten Christen, aus ihrer individuellen Gotteserfahrung heraus den Argumenten des Atheismus zu begegnen — und erleben dabei höchst selten, daß ihre Zuhörer überzeugt werden. In dieser Lage ist das Beispiel, das uns Jesus hinterlassen hat, von unübertrefflichem Wert. Sowohl in der Methode als auch in der Sache selbst. Seine Worte sind auch heute noch „Geist und Leben" und voll wertvoller, allgemeingültiger Aktualität. Denn seine Gegenfrage nach der Taufe des Johannes bringt deutlich das Zentrum des christlichen Glaubens zur Sprache, das Heilsgut, das einen unvergleichlichen Platz einnimmt. Das erkennen wir, wenn wir sehen, daß diese Taufe eine „Taufe der Buße *zur Vergebung der Sünden*" war (Luk. 3, 3). Nicht die Popularität des Täufers, auch nicht eigentlich die Buße, sondern die Vergebung der Sünden war das Thema des Tages. Auf sie war die sehnsuchtsvolle Hoffnung des Volkes gerichtet, sie war das lockende Ziel der Täuferbewegung. Die Vergebung der Sünden war durch Johannes vergegenwärtigt worden und stand zwischen Jesus und denen, die ihn theologisch-kritisch nach seiner Vollmacht fragten. Und was einst den Pharisäern und Ältesten die Sprache verschlagen hatte und sie zu unaufrichtigen Ausflüchten veranlaßte, das wird auch heute, nachdem Jesus durch seinen Tod die wahre Vergebung brachte, bei den Wortführern des Unglaubens dasselbe bewirken. *An der Vergebung der Sünden haben sich damals die Geister geschieden, an der Vergebung der Sünden werden sich auch heute die Geister scheiden.*

Machen wir es deshalb genau wie Jesus. Seien wir auch in dieser Sache seine Nachfolger. Begegnen wir den Fangfragen des Atheismus mit der durch Jesus möglich gewordenen Gegenfrage: „Was haltet ihr von der Vergebung der Sünden?“ Ist sie von Gott oder von den Menschen? Das heißt: gibt es sie oder gibt es sie nicht? Wenn wir uns auf diesen „harten Kern“ der christlichen Glaubenserfahrung berufen, dann werden wir damit auch gleichzeitig die „weiche Stelle“ des Atheismus bloßlegen.

Atheisten werden unsicher

Für einen atheistischen Redner sollte es keine Zumutung sein, einen Vortrag über das Thema „Es gibt keine Sündenvergebung!“ zu halten. Er befindet sich hier doch gewiß auf seinem ureigensten Gebiet. Er muß geradezu ein Fachmann für „Nicht-Sündenvergebung“ sein. Ein Gottesleugner muß jederzeit die Sündenvergebung leugnen können. Sie ist doch „nur“ die Gabe des Gottes, den es nach seiner Überzeugung nicht gibt. Und weil er Beweise und Argumente gegen die Existenz Gottes vorbringen kann, deshalb wird er gewiß auch Beweise und Argumente gegen die Sündenvergebung vorbringen können.

Doch der Mann ist um sein Vorhaben nicht zu beneiden. Er wird, ganz wie die Gesprächsgegner Jesu, überlegen müssen, wie er es anfangen soll, und doch keine Antwort wissen. Schon die Ankündigung seines Unternehmens wird ihn vor die größten Schwierigkeiten stellen. „Es gibt keine Sündenvergebung!“ — das ist ein schlechter Werbetext. Kein Fachmann, der mit „Public Relations“ zu tun hat, wird ihm dabei helfen können. „Häßlichkeit verkauft sich schlecht!“ — *das gilt auch für die atheistische Propaganda, wenn wir sie zwingen, zur Sache zu kommen.* Man kann sehr wohl Plakate mit der Aufschrift „Gott ist tot!“ oder „Es gibt keinen Gott!“ zu Werbezwecken an die Wände kleben, — die Wirkung wird, besonders in unserer „offenen Gesellschaft“, nicht über das bekannte Ausmaß hinausgehen. Derartige Vortragsthemen rufen keine allzu große

Aufregung hervor. Dagegen nehmen sich Werbeplakate mit der Aufschrift „Es gibt keine Sündenvergebung!" sehr schlecht aus. Sie werden bei den Vorübergehenden auf keinen Fall das gewünschte Interesse, sondern vielmehr Unbehagen und sogar Angstgefühle hervorrufen. Rein gefühlsmäßig müssen wir sagen, daß sie irgendwie einen empfindlichen Nerv treffen. Viele Menschen werden wünschen, diese Plakate sollten wieder entfernt werden, wegen „Erregung eines innerlichen Ärgernisses". Die Ankündigung, daß es keine Sündenvergebung gebe, kann viele Menschen schockieren und in der Tiefe ihres Bewußtseins erschrecken.

Was aber den Vortrag selbst betrifft, den Vortrag, in welchem der Redner beweisen will, daß es keine Sündenvergebung gibt, — sie wollen ihn nicht hören. Über das Thema „Es gibt keinen Gott!" kann unser Redner sich ungestört äußern, er kann Gottes Nichtexistenz im Fernsehen, im Hörsaal und unter freiem Himmel ausrufen und wird immer sein Publikum finden. Es gehört jedoch wenig Phantasie dazu, um zu erkennen, daß bei der Sündenvergebung die Dinge anders liegen. Ein Fernsehvortrag zum Beispiel, in welchem „bewiesen" wird, daß es keine Sündenvergebung gibt, — das könnte eine gespenstische Sache werden. Er könnte unzählige Menschen ängstigen. Er würde die Abendidylle vieler Bürger zerstören. Und wir erkennen, daß das Beispiel Jesu wert ist, beachtet zu werden. Eine „Gott-ist-tot-Bewegung" kann man alle Tage auf die Beine stellen. *Eine „Es-gibt-keine-Sündenvergebung-Bewegung" kann man nicht alle Tage auf die Beine stellen.* Die Leute lassen sich schlecht für eine solche Sache begeistern. Auch diejenigen nicht, die angeblich nichts von Gott wissen wollen. Man wird hier vielmehr jeden Versuch als einen makabren Scherz auffassen. Wer legt schon Wert darauf, zu wissen, daß es keine Sündenvergebung gibt? Und wer wird schon siegessicher und mit lachendem Mund und im Brustton der zufriedensten Überzeugung verkünden, daß es keine Sündenvergebung gibt? Und wer wird dem Redner, der es versuchen sollte, begeistert zujubeln und ihm womöglich noch dankbar und zustimmend auf die Schultern klopfen?

Eine sehr naheliegende und doch überraschende Entdeckung.

An Gott kühlt der ungläubige Mensch seinen Mut, — vor der Gabe des Gottes jedoch, den er leugnet, hat er „irgendwie" Angst. Er leugnet die Existenz des Gebers, wagt es aber nicht, die Existenz seiner Gabe zu leugnen. Ein sehr unlogischer und ein sehr konfuser Zustand. Gott-ist-tot-Literatur wird mit Begeisterung und innerem Wohlbehagen geschrieben und gelesen, — aber niemand schreibt und liest mit Begeisterung und innerem Wohlbehagen, daß es keine Sündenvergebung gibt. Man könnte fast geneigt sein, von einem verspäteten Wunder des Christentums zu sprechen. Und dabei handelt es sich nicht um eine leichtfertige, sondern um eine leicht zu beweisende Feststellung. Wer nur will, der kann sich jederzeit davon überzeugen, daß es auf unserer Erde keine Anti-Vergebungsliteratur gibt. Nicht einmal in den atheistischen Ländern. Es gibt wohl eine gewaltige Gottlosenpropaganda, es gibt aber keine Propaganda gegen die Vergebung der Sünden. Und kein Atheist von Spinoza bis Nietzsche, von Feuerbach bis Lenin und Russel, kein toter und kein lebender Atheist hat in besonderer und gezielter Weise auf die Feststellung Wert gelegt, daß es keine Sündenvergebung gibt. Dieses Thema wurde immer nur in Nebensätzen, im Schlagschatten der angeblich übergeordneten Gottesleugnung, berührt. Wir verstehen das. Einen peinlichen Sachverhalt behandelt man nur ungern und kann ihn nur schlecht publizieren. Oder sollen wir annehmen, daß sie alle nicht wußten, was sie taten, als sie ihre hochtönenden Thesen gegen die Existenz Gottes proklamierten?

Wir haben die „weiche Stelle" des Atheismus bloßgelegt.

Das „sogenannte Böse"

Es wird unseren Gegnern, den Gott-ist-tot-Theologen und Atheisten, nicht angenehm sein, daß wir auf diese Weise, gewissermaßen durch die Hintertür, ihr Haus betreten haben. Doch der Unglaube hat Fortschritte gemacht und präsentiert uns ein „überzeugendes“ Argument gegen die Sündenvergebung. Er leugnet die Sünde selbst. Es wird gelehrt, daß der Mensch als Empfänger eines bestimmten Erbgutes und als Produkt seiner Umgebung für sein Denken, für sein Tun und Lassen nicht verantwortlich sein kann. Er ist deshalb nicht „schuldfähig“ und kann deshalb im Sinne des Christentums oder der Religion auch kein Sünder sein. Doch die „Wissenschaft“ hat damit nicht nur entdeckt, daß es keine Sünde gibt, sondern sie hat damit auch, was sie uns systematisch verschweigt, die Hölle entdeckt.

Die Leugnung des Bösen, die Leugnung der Schuldfähigkeit des Menschen und damit auch die Leugnung der Sünde stellt die Menschheit mitten in die Hölle. Denn nun darf nicht mehr angeklagt werden. Nun müssen in Ost und West, hüben und drüben, im Kleinen und im Großen alle Ankläger und Richter schweigen. Kein Ausbeuter in Ost und West, kein Imperialist, kein Faschist und kein Folterer darf jetzt noch angeklagt und verurteilt werden. Und ein künftiger „Nürnberger Prozeß“ muß als Plauderei am Kamin stattfinden. Kein marxistischer Klassenkämpfer darf jetzt noch in seiner Propaganda das Wort „verbrecherisch“ gebrauchen. Jedes Massaker wird zur „Panne“, und kein Mensch ist mehr verantwortlich für den Hungertod von Millionen Kindern. Es gibt keinerlei „Greuel“ mehr, — auch keine „christlichen Greuel des Mittelalters“, denn Kreuzritter und Hexenverbrenner waren nach dieser Lehre „bekanntlich“ durch Erbgut und Milieu zu ihren Untaten programmiert. Die „wissenschaftlichen“ Leugner der Schuldfähigkeit des Menschen werden sich dankbar freuen, wenn wir ihre Lehre nicht anerkennen. Wir würden sonst ihre Bedrängnis nur noch vergrößern. Denn was übrigbliebe, die menschliche „ratio“, der Verstand, ist doch ein zu armseliger Nothelfer. Aus welcher Not aber, so müssen wir fragen? Wahrlich nicht zuerst aus der, daß die Menschheit vom Ungeheuer der menschlichen Aggression vernichtet wird, *sondern aus der größeren Not, daß sie nun nicht mehr anklagen, nicht mehr von Schuld sprechen darf.* Daß nun jede Ideologie ohne Anklage auskommen muß. Daß nun jede politische, gesellschaftliche und private Anklage, die ja immer Schuldanklage ist, verboten ist. Denn das verlangt die Leugnung von Schuld und Schuldfähigkeit. Und das ist die Hölle, die Hölle auf Erden.

Sie läßt sich nur in drastischen Bildern kennzeichnen. Wer die Realität des moralisch verwerflichen Bösen und damit auch die Sünde leugnet, der schneidet eine Lebensader der Menschheit durch. Denn das „sogenannte Böse" ist einer der Kraftströme, aus denen sich der Mensch ernährt. Es gehört, wie das Gute, zu den unerläßlichen Elementen seiner irdischen Existenz. Wer seinen Nächsten und seine Mitmenschen nicht mehr böse nennen darf, wer sie nicht mehr anschuldigen darf — wie diese „Wissenschaft" es verlangt —, der kann nicht mehr ausatmen. Er erstickt am inneren Überdruck. Er kann seinem bösen, hassenden und ungerechten Ich nicht mehr Luft machen. Wenn der Mensch nicht mehr böse sein darf — weil die „Wissenschaft" entdeckt hat, daß er nicht böse ist —, dann wird er böse. Wer also meint, aus dem Erscheinungsbild des Menschen auf diese Weise das Böse herausamputieren zu können, der amputiert den ganzen Menschen mitsamt seiner hochgerühmten ratio weg, denn übrig bleibt nur ein menschenähnliches Wesen mit Schaum vor dem Mund. Übrig bleibt der blindwütende und erst recht gemeingefährliche Mensch.

Es ist im wahrsten Sinne des Wortes besser, die Kirche im Dorf zu lassen. Gott versteht mehr von der Sache. Und wir erkennen, daß die Sünde des Menschen ein Tatbestand ist, der durch die Leugnung nur noch deutlicher und erschreckender wird, ja, sie wird durch die Leugnung selbst zur Supersünde und zur letzten Weltgefahr. Gewiß erkennen wir an, daß das Gewissen des Menschen oft manipuliert wird, daß er oft ein schlechtes Gewissen hat, wo er ein gutes Gewissen haben dürfte. Doch das ist nicht Gegenstand dieser Arbeit. Wir haben es hier mit der Tatsache zu tun, daß unser Gewissen vor Gott und Menschen immer weitaus besser ist, als es der grausamen Weltwirklichkeit entsprechend sein darf.

Die Leugnung von Schuld und Sünde bedeutet die Leugnung des „bösen Nachbarn", auf den der Mensch zum Zwecke seiner eigenen „inneren Auferbauung" angewiesen ist. Dagegen hilft keine humanistische Schönfärberei. Diese „Entdeckung" wird deshalb noch weitaus mehr Gegner finden als die göttliche

Sündenvergebung. Der Mensch ist in seinem Herzen davon überzeugt, daß er nicht ohne „Feindbild", nicht ohne den Begriff und die Wirklichkeit des Bösen, leben kann. Und wenn der Mensch es schon weiß, — Gott weiß es längst. Deshalb kennt die Bibel auch keine eigentliche „Lehre von der Sünde", sie versucht nicht zu beweisen, daß es Sünde gibt. Für das Bekannte und von den Menschen Bestätigte kann Gott in seinem Wort auf Beweise verzichten. Dagegen: um uns Menschen das Unbekannte zu zeigen, um uns das Geheimnis der Erlösung von Sünde und Schuld zu offenbaren, hat er es an Wort und Tat nicht fehlen lassen.

Wir dürfen deshalb unbeirrt fortfahren. Was die philosophische Tagesmode über die Sünde zu denken vorschreibt, ist wertlos und wird auf der Gegenseite weder ernst genommen noch praktiziert. Und wir können bestätigen, daß der Ausspruch „Es gibt keine Sündenvergebung!" von den meisten Menschen gefürchtet wird. *Das Bekenntnis des Atheismus aber kann immer nur lauten, daß es eben diese Vergebung nicht gibt.* Das heißt: ein Atheist oder ein Ungläubiger kann immer nur das bezeugen, was die meisten Menschen gerade und eben nicht hören wollen. Denn er kann Gott nicht leugnen, ohne die Vergebung der Sünden zu leugnen. Wenn er dieses nicht will, — uns kann es nur recht sein, denn nun ist er nicht fern vom Reich Gottes.

Wir aber stehen vor der Aufgabe, die Vergebung der Sünden, die Jesus auf so überzeugende Weise ins Gespräch gebracht hat, ebenfalls ins Gespräch zu bringen. Und es gilt, diese Vergebung und Gottes Offenbarung in Jesus Christus als unlösliche Einheit darzustellen, in unserem Bekenntnis, in unserem Leben und Verhalten. Es darf christlicherseits keine nur „allgemeine" Rede von Gott geben. *Das Evangelium, das Wort vom Kreuz, der göttliche Zuspruch der Sündenvergebung muß das zentrale Charakteristikum des Christentums werden.* Das läßt sich weder „machen" noch „organisieren", sondern es ist eine Folge unserer immer von Gott gewollten Besinnung auf unseren allerheiligsten Glauben. Dann entsteht ein „Vergebungsmilieu", ein Christentum, das den Atheismus zwingt, eine Rolle zu spielen, die er noch nicht gelernt hat. Dann wird jede Gottesleugnung zur Leugnung der Sündenvergebung, und jede nur „allgemein“ gemeinte Verneinung Gottes hat dann in Wahrheit eine wehtuende und vernichtende Konsequenz. Denn wer die Sündenvergebung auch nur „an sich“ leugnet, der leugnet sie auch „für sich“, für sich selbst. Das kann eine bittere Erfahrung werden. Und erst jetzt ist Gott richtig im Gespräch. Wo jetzt immer ausgerufen wird, daß es keinen Gott gibt, da wird auch ausgerufen, daß es keine Sündenvergebung gibt, auch für den Ausrufer nicht. Dann ist jede Gottesleugnung auch immer ein erschreckendes, ein quälendes und vernichtendes Selbsturteil. Wo geleugnet wird, daß es diesen Gott und seine Vergebung gibt, da meldet sich auch ohne Worte die mit so großer Mühe verdrängte Ewigkeit. Da ist immer „ein Geruch des Todes zum Tode“. Wo immer gesagt wird, daß es diesen Gott und seine Vergebung nicht gebe, da beginnt auch immer die Zunge zu stocken, da beginnen die Lippen zu beben. *Und auf diese Weise wird die Glaubensfrage zur Existenzfrage.*

Die Vergebung unserer Sünden ist ein göttlicher Machtfaktor in unserem menschlichen Leben. Das gilt über den christlichen „Eigenbedarf“ hinaus, wie wir gesehen haben, auch für unsere Auseinandersetzung mit der antichristlichen Kritik, die es immer wieder versteht, durch geschickte Fragestellung in unseren Reihen Verwirrung zu stiften. *Der gezielte und direkte Hinweis auf diese Vergebung, ganz unbekümmert um theologische und philosophische Grundfragen, schafft eine neue Lage.* In dieser Gottesgabe ist es die souveräne göttliche Macht und Weisheit, die, wie einst im Tempel in Jerusalem, menschliche Klügelei verstummen läßt.

Das Vorbild Jesu, seine Frage nach der „Taufe des Johannes“ hat uns aus der Defensive in die Offensive geführt. Und wir entdecken plötzlich, daß wir stärker sind, als wir gedacht haben, daß das sich angeblich auflösende Christentum noch über ungeahnte Reserven verfügt. Wer uns davon überzeugen will, daß es keinen Gott gibt, der muß uns auch gleichzeitig davon überzeugen, daß es für uns keine Sündenvergebung gibt. Und genau an dieser Stelle steht jeder Christ vor einem „Ding der Unmöglichkeit“. In einer seligen „Verkrampftheit“, derer wir uns nicht schämen, halten wir an der Vergebung unserer

Sünden fest. Bei allem Versagen, das wir vor Gott und Menschen bekennen müssen, — wir sind unfähig, sie loszulassen. Wer das von uns erwartet, der spricht zu uns in einer fremden Sprache. Was sollen wir auf der Welt, wenn es für uns keine Sündenvergebung gibt? Sie ist uns lieber als unser Leben. Wie kommen die Atheisten dazu, uns zum Selbstmord aufzufordern . . .?

Keine Alternative zu Jesus

Wir müssen in uns hineinhorchen und unsere eigenen Empfindungen prüfen. Was stellen wir voller Verwunderung fest? Wir stellen zuerst fest, daß wir uns an die Vergebung unserer Sünden gewöhnen können. Sie kann uns hier oder dort mehr oder weniger gleichgültig werden. Das Leben nimmt seinen Lauf, und die Vergebung wird zu einer christlichen Durchschnittserfahrung. In hohen Zeiten des Glaubens können wir darüber anbeten, doch mit der Länge der Tage und im Kampf ums Dasein verblaßt sie. *Wenn es jedoch heißt, daß es keine Sündenvergebung gibt, dann werden wir wach.* Dann wird der müde Christ plötzlich munter. Dann zeigt der degenerierte Christ plötzlich Rasse. Wer sonst stammelt, der findet jetzt Worte. Wer sich an die Vergebung gewöhnt hat, — *an die Nichtvergebung kann er sich nicht gewöhnen.* Er denkt nicht im Traum daran. Und wenn sich der Unglaube je in dieser Weise artikulieren sollte, wenn der Atheismus je zu einer Anti-Vergebungsbewegung werden sollte, dann wird sich erweisen, daß das Christentum in seiner zweitausendjährigen Geschichte nichts, gar nichts an Lebenskraft verloren hat. *Die Frage der Sündenvergebung ist für uns keine Frage. Sie kann nicht diskutiert werden.*

Wir können gar nicht nahe genug an die Sache herangehen. Wir müssen beim Lesen dieser Zeilen einmal innehalten und versuchsweise flüstern: „Es gibt keine Sündenvergebung, — auch für mich nicht!“ — und urplötzlich wissen wir, wo wir hingehören: zu Gott, zu Jesus und in die Ewigkeit! Und plötzlich lebt Gott, plötzlich lebt Jesus, und der Himmel ist eine Selbstverständlichkeit. Sofort erkennen wir, daß der Unglaube und der Atheismus die grauenerregende Fratze der Nichtvergebung tragen. Und wenn man uns fragt, was Glaube heißt, dann wissen wir jetzt ganz spontan die Antwort: *„Glaube heißt, keine Alternative zu Jesus wissen!* Denn Jesus und die Vergebung unserer Sünden — das ist eine unauflösliche Einheit.

Es gibt keine Alternative zur Sündenvergebung!

Hier geht es nicht um leere Gefühle, nicht um „Religion“, sondern um unsere Existenz. Das erfahren wir in dieser Selbstprüfung. Wir schaudern zurück vor der Nichtvergebung. Wir haben kein Organ, das diesen Gedanken zustimmend denken kann. Und das Kreuz von Golgatha wird unter dieser Vergewisserung zu unserem unantastbaren Heiligtum, denn dort ist Jesus für uns stellvertretend zur Sünde geworden (2. Kor. 5, 21). Auferstehung und Himmelfahrt Jesu, deren Wirklichkeit unter den Angriffen der modernen Theologie und des Atheismus zu verblassen drohten, sind uns nun wieder gewisse, heilige Wirklichkeiten, unerläßliche Voraussetzungen unserer christlichen Existenz. Wenn Jesus tot ist, dann ist auch unsere Vergebung tot. Dann aber sind wir selbst lebendig tot.

Das muß ganz deutlich sein. Hier geht es im Kampf gegen die Mächte der Finsternis um Hauen und Stechen. Hier ist die Grenze, über die kein Christ hinausdenken und hinausgehen kann. Und es ist von höchster Bedeutung, daß sich jeder Christ über diesen Punkt im klaren ist. *Die totale Einheit von Jesus und Sündenvergebung ist das Geheimnis unserer christlichen Existenz.* Diese Einheit erklärt erst das *Warum* unseres Glaubens. Wir glauben an Jesus und an den, der ihn gesandt hat, *weil* von dort, von ihm und seinem himmlischen Vater, die Vergebung unserer Sünden kommt. *Weil* wir dort unfaßbare Liebe erkennen. *Darum* geben wir der Verlockung des Unglaubens nicht nach. *Deshalb* machen wir die gegenwärtige Abfallbewegung nicht mit. Und *das* antworten wir unseren Angehörigen, unseren Bekannten, unseren Gesprächspartnern in der Auseinandersetzung um Gott und Glauben. Wir sind keine Träumer, sondern Realisten des Glaubens. Es geht uns nicht einfach um „Gott“, sondern um den Gott der Vergebung unserer Sünden.

Wo dieses Bewußtsein nicht in aller Klarheit vorhanden ist, da weiß doch der schwache Christ, daß er sich unmöglich der Nichtvergebung hingeben kann. Wenn er in seinem Glaubensleben auch oft nicht weiß, wo er steht, so weiß er doch sehr gewiß, wo er *nicht* steht, wo er *nicht* hingehört. Und wenn sein Glaubensleben auch oft einem „glimmenden Docht“ gleicht, so ist es ihm doch eine göttliche Hilfe, daß er nicht bewußt denken und sagen kann, daß es keine Sündenvergebung gibt. Das gilt in besonderer Weise für diejenigen unter uns, die immer wieder von Zweifeln an der Vergebung angefochten werden. Grüblerische, schwermütige, introvertierte, nach innen gekehrte Menschen, die in der Beschäftigung mit sich selbst den Boden unter den Füßen verlieren. Diese oft unglücklichen Christen haben vollen Anteil an der christlichen Zentralwahrheit, an der Wahrheit, daß es infolge des Werkes Jesu Sündenvergebung „an und für sich“ gibt. Sie sind zu jeder Zeit, wie jeder andere Christ, wenn sie daraufhin angesprochen werden, unfähig, diese Grundtatsache des Christentums zu leugnen. Sie haben diesen festen Grund nie verlassen. Und sie erkennen hier ebenfalls die totale Einheit von Jesus und Sündenvergebung und kommen hier zur Ruhe und Gewißheit. Der Ausnahmefall, als den sie sich selbst immer wieder betrachten, wird sinnlos, — denn es ist sinnlos, Jesus von der Sündenvergebung zu trennen.

Keine Beweisnot

Wenn der gläubige Christ vor der Nichtvergebung zurückschreckt, wenn er sie wie eine tödliche Gefahr zurückweist, dann ist *jedes* atheistische Argument wirkungslos, denn *jedes* atheistische Argument ist gegen die Sündenvergebung gerichtet. Der Christ will nicht, aus seiner Natur heraus, daß ihm die Nichtvergebung bewiesen werde, das heißt, er will nicht, daß ihm die Nichtexistenz Gottes und Jesu bewiesen werde. Er will diesen tödlichen Stachel nicht verspüren. Er will dieses Geistes- und Seelengift nicht trinken. Er weist jeden Angriff auf die „sehr kostbare Perle", auf die Vergebung seiner Sünden, zurück. Das heißt wiederum: er weist jeden Angriff auf Gott und Jesus zurück. Hier ist durch das Wort vom Kreuz eine Substanz entstanden, über deren Vorhandensein er sich selbst dankbar wundert.

Auf dieser Grundlage allein darf die Frage des „Gottesbeweises" behandelt werden.

Die Lehrer des Atheismus haben durch ihr überzeugendes Argumentieren in der Öffentlichkeit und an den Universitäten das Christentum zu einem Winkeldasein verurteilt. Sie fragen nach den Beweisen für die Existenz Gottes und manövrieren das kleine Häuflein der gläubigen Christen in eine peinliche Beweisnot hinein. Doch das Schlagwort „Glaube heißt Nichtwissen!" hat Schlagseite. Es geht in der „Sache mit Gott" nicht um den Gott, den unsere Gegner meinen. Es geht nicht zuerst um ein „jenseitiges höheres Wesen", das als Schöpfer und Weltregent anzuerkennen ist. *Die Frage, ob es einen Gott gibt, ist vielmehr zuerst die Frage, ob es ein „höheres Wesen" gibt, das uns Menschen aus unserem Bösesein und aus unserer Schuldverhaftung erlösen kann.* Das ist ein wesentlicher Unterschied, der nur selten erkannt und beachtet wird. *Die Schuld- und Sündenfrage hat den Vorrang vor der Seins- und Sinnfrage.* Die Schuld- und Sündenfrage ist aktueller, brennender, sinnvoller und gottes- und menschenwürdiger als die Frage nach dem Grund und Sinn des Daseins. Die Menschheit leidet nicht zuerst unter einer abstrakt-philosophischen, sondern unter einer ganz konkret-moralischen Hungersnot. Nicht die Sinnlosigkeit, sondern die Sünde richtet uns zugrunde. Wir Menschen sind allerdings nur zu leicht geneigt, die Sinnleere unseres Daseins zu beklagen, weil wir nicht gewillt sind, die Sündenfülle unseres Daseins zuzugeben.

Unser Erkenntnisdrang in allen Ehren, Gott hat ihn in uns hineingelegt, — aber auch hier gilt: alles zu seiner Zeit. Das Wichtigste zuerst, zuallererst, und was uns auf den Nägeln brennt, das hat Priorität. Unter diesem auch durchaus wissenschaftlichen Gesichtspunkt zeugt es geradezu von einer zynischen Denkweise, wenn ein sündiger und schuldbeladener Mensch zuerst die Sinnfrage stellt. Wenn er zuerst und vor allem anderen erforschen will, was der Grund und Sinn des Daseins ist und zu welchem Zweck er lebt. Um es drastisch und doch wahrheitsgemäß auszudrücken: eine Gesellschaft, die Millionen Kinder verhungern läßt, darf nicht philosophieren. Der Mensch, der sich selbst erkannt hat, der sündige und schuldige Mensch, steigt nicht auf den Aussichtsturm der Philosophie, um den Grund, den Sinn und Zweck seines Lebens, zu erforschen, sondern er geht in sein verdunkeltes Kämmerlein und schlägt an seine Brust. Und nur Heuchler, nur Pharisäer (und auch „faustische Menschen") nehmen sich das Recht, ihre Mitschuld am Hungertod von Millionen Kindern, ihre direkte Mitschuld am Elend der Welt, zu übersehen.

Der zu unserer Welt und zu uns Menschen passende Gott muß ein Erlösergott sein. Es wäre unanständig und eine Geschmacklosigkeit, von einem anderen Gott zu reden. Nicht der Anfang der Welt, sondern das Ende unserer Bosheit und Schuld steht auf der Tagesordnung. Deshalb spekuliert der christliche Glaube nicht in den schlecht beleuchteten Räumen der Vorzeit herum, sondern er gibt im grellen Licht unserer grausamen Gegenwart Antwort auf die Fragen unserer grausamen Gegenwart, die allerdings eines Gottes bedürfen. Der christliche Glaube beantwortet die Frage nach einem Retter der Welt, und indem er sie beantwortet, löst er auch gleichzeitig in überwältigender Weise die Seins- und Sinnfrage. Der Gott des Christentums offenbart sich nicht einfach „den Menschen", sondern er offenbart sich „den sündigen und schuldigen Menschen", den „Verlorenen". Deshalb ist der christliche Glaube zuerst Glaube an einen Erlösergott. Und ein historisches Ereignis, der Tod Jesu am Kreuz, und eine historische Tatsache, das Wort der Vergebung aus seinem Munde, das sind die beiden Elemente, die diesen christlichen Gottesglauben hervorrufen.

Wenn die moderne Theologie lehrt, daß die Anhänger Jesu ihm nach seinem Tode diese Vergebungsworte in den Mund gelegt haben, daß er sie also selbst gar nicht gesprochen habe, dann antwortet der Christ hier aus seinem Wesen, aus seiner

Natur heraus: „Keine Diskussion!" Das ist ein außerchristliches Problem. Moderne Theologen und Atheisten müssen mit der Tatsache fertig werden, daß es für sie keine Sündenvergebung gibt.

Der christliche Glaube entsteht also unter dem Kreuz Jesu. *Nur unter dem Kreuz Jesu entstehen Christen und Atheisten.* Nur hier werden die Urteile gefällt: Tod und Verdammnis, oder Rettung und ewiges Leben. Hier allein ist aus christlicher Sicht gesehen die Kontaktstelle zur Ewigkeit, zu einem „Jenseits" und zu einem „höheren Wesen". Nur von hier aus gehen die Boten Gottes in eine gottlose Welt. Hier entsteht der christliche Glaube, der nicht zuerst Schöpfungsglaube, sondern Evangeliumsglaube ist. Hier wird nicht „ganz allgemein" ein „Gott an sich", sondern ganz speziell und unverkennbar ein Erlöser bezeugt. Und nur hier wird die Menschheit aufgefordert, zu „hören" und nicht „abzuweisen". Und Jesus, der Herr und Lehrer des Christentums, hat das Verhältnis des Menschen zu diesem Erlösergott („Gott war in Christo, die Welt mit sich selbst versöhnend . . ." (2. Kor. 5, 19) von dem Ausgang des kleinen Dialogs abhängig gemacht, der unter seinem Kreuz stattfindet. Ja, nicht nur das Verhältnis, sondern die anfängliche Gottesoffenbarung selbst hat er davon abhängig gemacht. *Ohne Jesus kann ein Christ überhaupt nicht von Gott sprechen.*

Die philosophische und atheistische Frage nach einem Gottesbeweis wird hier zu einem sinnlosen Gerede. *Unter dem Kreuz Jesu gibt es nichts zu beweisen.* Hier kann sich der Mensch im ungünstigen Fall nur ärgern. Ärgern darüber, daß er auf einen Retter und Erlöser angewiesen sein soll. Hier kann jeder Mensch das Werk und die Person Jesu nach seinem eigenen Wunsch und Willen beurteilen. Hier kann sich der Mensch nur geliebt oder beleidigt fühlen. Ein ungläubiger Mensch oder ein Atheist ist demnach ein Mensch, der sich durch das Wort von der Vergebung seiner Sünden beleidigt fühlt. Der ungläubige Mensch, der Atheist, hat seine eigene Bibel, in welcher Johannes 3, 16 mit den Worten beginnt: „So sehr hat Gott die Welt beleidigt . . ."

Ob wir uns unter dem Kreuz Jesu von der Existenz eines

Erlösergottes überzeugen lassen, ob wir hier heilsentscheidend glauben oder nicht, das ist nun keine Beweisfrage irdischer Ordnung mehr, keine Frage des wissenschaftlichen Erkennens, Verstehens und Sehens. Jesus selbst sagt ausdrücklich: „Selig sind, die nicht sehen und doch glauben" (Joh. 20, 29). Das Organ aber, das die Existenz eines Erlösergottes wahrnimmt, nennen wir mit der Bibel „Herz". Und wir schämen uns nicht, dieses verpönte Wort auszusprechen, denn es bezeichnet genau das im Menschen, was zuerst Mensch genannt werden darf.

Um jedoch keinen Zweifel aufkommen zu lassen: es ist nicht so, daß wir schon vorher, ehe wir das Wort vom Kreuz gehört haben, im Gegensatz zu anderen Menschen eine gewisse Glaubensbereitschaft oder Glaubensfähigkeit besessen hätten. Nein, Jesus ist gerecht und gibt jedem ein volles Maß. Er macht uns erst durch sich selbst, durch sein stellvertretendes Zur-Sünde-Werden fähig, ihn zu lieben, an ihn zu glauben. Er zündet in und mit seiner Liebe das Licht an, das vorher nicht geleuchtet hat. Wir spüren in unserem Herzen, daß dem Mann am Kreuz nicht widersprochen werden darf. Ein Ungläubiger, ein Atheist aber fühlt aus einem ganz bestimmten Grund in seinem Herzen, daß es für ihn persönlich besser und vorteilhafter sei, dem Mann am Kreuz zu widersprechen. Auf diesen „ganz bestimmten Grund" werden wir noch zurückkommen.

Unser Gefühl für Jesus ist die erste, die kindliche Stufe des christlichen Glaubens, und es ist immer schlecht um uns bestellt, wenn wir diese Stufe verlassen haben. Das Gefühl für Jesus ist aber gleichzeitig das Gegenteil dessen, was wir mit Recht als Gefühlschristentum ablehnen. Gefühlschristentum ist immer nur da vorhanden, wo der Mensch nicht das Wort von der Vergebung seiner Sünden hört, wo er nicht unter dem Kreuz Jesu steht, wo er also vergleichsweise vor nichts steht und trotzdem jubelt. Ein Christ aber steht nicht vor nichts, sondern er hört den gekreuzigten Jesus rufen: „Dir sind deine Sünden vergeben!"

Und hier, nur hier kommen wir gläubigen Christen „zur Sache". Hier erklären wir, weshalb wir an Gott glauben. Hier ist Liebe für uns stellvertretend zur Sünde geworden, und das ist Göttlichkeit im Übermaß. Und wir wollen vorsichtig und unangreifbar formulieren: „Jesus liebt uns! Jesus ist für unsere Sünden gestorben!" Das ist unser Glaube.

Und nur hier fragen wir unsere auf Beweise pochenden Gegner des Christentums: *Was ist das für ein Verstand, was ist das für eine Logik, die uns hier auffordert, nein zu sagen? Und was hat die Naturwissenschaft, die doch in der Gottesfrage ein Wort mitreden will, unter dem Kreuz Jesu zu suchen? Und was ist das für eine sonderbare Intelligenz, die hier besserwissend feststellt: „Mir sind meine Sünden nicht vergeben!?"*

Nicht mehr der Glaube, sondern der Unglaube muß sich hier verteidigen. Nicht mehr der Christ, sondern der Atheist steht hier wehr- und waffenlos mit dem Rücken zur Wand.

Wenn der Christ jeden Angriff auf die Vergebung der Sünden, das heißt, wenn er jeden Angriff auf Gott und Jesus zurückweist, dann widerspricht er damit dem Materialismus von links und rechts. Er widerspricht damit dem Nihilismus, der Anarchie, dem Existenzialismus und jeder Philosophie des Absurden. Er widerspricht dem „Mythos von Sisyphos", der sinnlosen Wiederkehr des Sinnlosen und aller Todessehnsucht, die den in der Welt einsamen Menschen überkommt. Und er widerspricht all dem nicht in einer sogenannten „Ehrfurcht vor dem Leben", sondern in der Ehrfurcht vor Jesus. *Die Liebe Jesu ist für ihn der Sinn des Daseins.* Sie sprengt alle Grenzen seines Denkens und ist ihm als konkrete Tatsache der gesamten Schöpfung vorgeordnet. Und im Glauben an den Jesus, der ihn aus seiner Schuldverhaftung erlöst hat, verteidigt er auch den Sinn des Daseins. Hier werden die Sündenfrage und die Sinnfrage in eins beantwortet. Er kann die Welt nicht denken, ohne des Kreuzes Jesu zu gedenken.

Wenn sich aber unsere atheistischen Gegner weigern, unter dem Kreuz Jesu die Gottesfrage zu erörtern, dann haben sie schon bewiesen, daß sie keine Atheisten mehr sind. Wenn sie sich nicht weigern, — wir können ihnen kein günstigeres Gelände für ihren Krieg anbieten.

Demaskierung des Atheismus

Wie will sich ein Atheist noch Atheist nennen, wenn seine ganze Weisheit, seine ganze Wissenschaft, sein Bekenntnis nur noch darin besteht, daß er erklärt: „Es gibt keine Sündenvergebung, — auch für mich nicht!?“ *Wenn er sich weiterhin Atheist nennen will, dann müssen wir nun unter Atheismus Antitheismus, Gottesfeindschaft, d. h. Vergebungsfeindschaft, verstehen.* Und der Wille dieses neuen Atheisten wird Wille zur eigenen und fremden Schuld. Die zwischenmenschliche humanistische „Vergebung“, die wir im Atheismus anerkennen sollen, sie wird zum Feigenblatt einer grundsätzlichen Vergebungsfeindschaft. Sie wird sogar zur Verhöhnung der realen Schuld- und Sündenlast der Menschheit, denn diese ist durch keine humanistisch-irdische Vergebung aufzuheben. Und die Absicht dessen, der unter dem Kreuz Jesu Atheist bleiben will, wird offenbar: Menschenfeindschaft, Menschenhaß! Wer jetzt Gott leugnet, wer Jesus zurückweist, wer die Menschen auffordert, nicht an Jesus zu glauben, der will, daß sie schuldig bleiben sollen. Der will, daß der Mensch unfrei ist, daß er im Gefängnis seiner Schuld sitzt und Angst hat und durch diese Angst krank wird. Friedlosigkeit und Gewissensnot ist das Ziel alles Unglaubens. Und wir erkennen die Gefährlichkeit dessen, was sich jetzt noch den Namen Atheismus gibt. Denn die von diesem Atheismus verlangten und geförderten Schuldgefühle machen den Menschen zu einem auf Rache sinnenden Knecht. Sie führen zu Aggressionen, zu Kriegen, zu Verbrechen jeder Art, sie führen zu Rassen- und Klassenhaß, zur Unterdrückung anderer Völker, zu Mord und Totschlag, wie wir sie zur Genüge erleben.

Und die Waffen dieses Atheisten kehren sich jetzt gegen ihn selbst. Wer beweisen wollte, daß es keinen Gott gebe, der beweist nun, daß es einen Teufel gibt. Denn dieser Atheismus selbst ist der Teufelsbeweis. Kein Mensch, auch dieser Atheist nicht, kommt aus sich heraus auf den Gedanken, schuldig sein zu wollen. Es ist gegen seine Natur, im Sinne dieses Atheismus, im Sinne der Vergebungsfeindschaft sein eigener Feind zu sein.

Es ist vielmehr jedes Menschen natürliches und tiefstes Sehnen, unschuldig zu sein und ein gutes Gewissen zu haben. Wenn trotzdem das Nein zur Vergebung gesprochen wird, dann beweist dieses Nein die Existenz einer außermenschlichen bösen Macht. Jesus nannte diese Macht den „Mörder von Anfang". Liefert sich der Mensch dieser Macht aus, dann nur deshalb, weil er an dem satanischen und mörderischen Prinzip der Nichtvergebung Gefallen findet. Es ist das Evangelium der Hölle und des Hasses, das Lust und Lustgewinn verspricht. Seine eigene Vergebung, seinen eigenen Frieden, sein eigenes gereinigtes Gewissen, nach welchen er sich aus seiner menschlichen Natur heraus sehnt, opfert er dem Lustgewinn, den ihm die jenseitige Stimme der Bosheit, des Hasses und der Nichtvergebung verspricht. *Das ist der „ganz bestimmte Grund"*, *aus dem ein ungläubiger Mensch in seinem Herzen fühlt, daß es für ihn persönlich besser und vorteilhafter ist, dem Mann am Kreuz zu widersprechen.* Hier wird nüchtern kalkuliert und in freier Wahl entschieden, daß Jesus bei der Fortsetzung des Hasses und der Nichtvergebung nur stören würde. In dieser Entscheidung betritt der Mensch wissend den Weg des Todes. Und durch seine Seele, durch sein Herz, durch sein ganzes Leben geht ein Riß. Er wird in der Tiefe seines geschöpflichen Wesens, das sich nach Unschuld sehnt, zu Tode getroffen und geht als ein anderer Mensch aus dieser Entscheidung hervor. Er ist jetzt ein „Kind des Verderbens". So sieht die Bibel diese Dinge. Die billigen und gedankenlosen „Entscheidungen", die das Fußvolk des Atheismus im allgemeinen trifft, sind damit nicht zu vergleichen. *Wo der Mensch sich noch nicht gegen die Vergebung seiner Sünden entschieden hat, da hat er sich auch noch nicht gegen Gott und Jesus entschieden.* Da ist der Weg zur Umkehr immer noch frei. Jesus sagt uns, was geschieht, wenn ein Mensch um den Preis des bösen Lustgewinnes die eigene Schuld, den eigenen Untergang, den wahren Unglauben wählt: „Wer aber nicht glaubt, der wird verdammt werden!" (Mark. 16, 16). Diese Verdammnis, diese Erfahrung der Verurteilung und Verlorenheit liegt tief im Wesen der Sache begründet. Sie beginnt deshalb auch schon im Augenblick des ersten Unglaubens, nicht erst in ferner Zukunft in der „Verdammnis", welche die totale Verlorenheit nur noch besiegelt. *Denn die Lebens- und Existenzparole dieses Ungläubigen lautet: „Es gibt keine Sündenvergebung, auch für mich nicht!" Damit wacht er auf und damit schläft er ein, damit lebt er und damit stirbt er.* Und nur im Rausch der fortgesetzten Bosheit, im Lustgewinn des Hasses kann er diese tödliche Erkenntnis zum Schweigen bringen. Nur durch Mord kann er seinem Selbstmord ausweichen. Der eigentliche, der klassische ungläubige Mensch ist Judas Ischariot gewesen. Sein Selbstmord, sein selbstgewähltes Ende zeigt uns, was die Verneinung der Vergebung, was der Verrat an Jesus im tiefsten Grund bedeutet.

Wir sehen, daß wir sparsam sein müssen mit unseren Urteilen über ungläubige Menschen. Wir sollen die Menschheit in ihrer Menge und Masse auch heute noch so sehen, wie Jesus sie gesehen hat: als eine Herde, die keinen Hirten hat. Die meisten unserer Mitmenschen haben sich noch nicht für oder gegen Jesus entschieden, denn sie haben sich noch nicht für oder gegen die Vergebung ihrer Sünden entschieden. Für die überwiegende Mehrzahl derer, die sich Atheisten nennen, gilt auch heute noch das Wort Jesu: „Vater, vergib ihnen, denn sie wissen nicht, was sie tun" (Luk. 23, 34). Eine echte Begegnung mit Jesus hat immer himmlische oder höllische Folgen. Es gibt keinen spießbürgerlichen Atheismus, — wie es auch kein spießbürgerliches Christentum gibt.

Was wir bisher Atheismus genannt haben, das bezeichnet die moderne Philosophie nicht als Atheismus. Ein Denker unserer Zeit schreibt: „. . . logisch sind . . . verneinende Aussagen über Gott genauso sinnlos wie bejahende und die Formulierung seiner Nichtexistenz. Das denkende Wesen ist in seiner konsequenten Rationalität nur dann im vollen Umfang atheistisch, wenn es die Idee Gottes und alle Sätze über sie suspendiert." Das heißt, ein richtiger, ein „wissenschaftlicher" und intellektueller Atheist schweigt über Gott. Er sagt zu Gott weder ja noch nein. Er sieht und findet überhaupt keinen Grund und keine Ursache, eine Gottesidee zu denken. Er kann sich über die Gottesfrage keine Gedanken machen.

Der Vollständigkeit halber müssen wir auch dazu Stellung nehmen.

Auch der moderne wissenschaftliche Atheist hat es nicht einfach mit Gott zu tun, sondern der am Kreuz sterbende Jesus läßt ihm ausrichten, daß er stellvertretend auch für ihn zur Sünde geworden ist. *Er läßt ihn durch die Bibel und ihre Boten wissen, daß es Schuld- und Sündenvergebung gibt.* Das ist keine Verschiebung des Problems, keine neue Darstellung der Gottesfrage, sondern hier zeigt sich, daß die Bibel recht hat, wenn sie von der „Blindheit" der „Weisen dieser Welt" spricht. Wenn nun dieser moderne, wissenschaftliche und intellektuelle Atheist dazu schweigt, wenn er weder zu seinen Sünden noch zu der Vergebung seiner Sünden etwas sagt, *wenn er sich also weder über seine Schuld noch über die Befreiung von seiner Schuld Gedanken macht,* — was dann? Dann wollen wir Gott inständig darum bitten, daß ein solcher Atheist nie eine verantwortliche Stellung innerhalb der menschlichen Gesellschaft einnehmen möge. Denn Sündenbewußtsein, Schuldbewußtsein oder auch nur das Gefühl für richtiges oder falsches Denken und Tun, das hat etwas mit *Verantwortung* zu tun. Ein solcher Atheist aber ist ein Lehrer der Verantwortungslosigkeit. *Denn hier wird aus der Aufforderung, über Gott zu schweigen, die Aufforderung zur Verantwortungslosigkeit.*

Der moderne Atheist, der sich über Gott, das heißt über seine eigene Schuld, keine Gedanken macht, ist längst keine Einzelerscheinung mehr. Als „denkendes Wesen" und als Intellektueller hat er in dieser Hinsicht sein Innenleben zum Tabu erklärt. Er tritt als Wortführer einer verantwortlichen Gestaltung des Daseins auf und fordert gleichzeitig zur Verantwortungslosigkeit auf. Uns bleibt nur die Erkenntnis, daß ein Mensch, der diese Gegensätze in sich vereinigen kann, eben ein intellektueller Atheist ist. Wenn aber ein solcher intellektueller Atheist erklärt, daß er seine Sünde, seine Schuld oder auch nur sein „falsches Handeln" selbst verantworten könne oder wolle, dann bekommt das Wort „intellektuell" einen weiteren neuen Bedeutungsinhalt. Denn nun wird ein geistloses Spiel mit Worten getrieben. Wenn ein Mensch seine eigene Schuld selbst bewältigen will, wenn *er* sein „falsches Handeln" selbst verantworten will, wenn er „gradestehen will für das, was er getan hat“, dann ist das immer nichts anderes als klägliche Großsprecherei. Und der Philosoph ruft den Philosophen zur Ordnung. Oswald Spengler sagt, der Grundgedanke aller Tragödien aller Zeiten sei die Nichtumkehrbarkeit der Zeit, die Unmöglichkeit, geschehene Schuld wieder rückgängig zu machen.

Das „. . . denkende Wesen in seiner konsequenten Rationalität“ ist keineswegs davon „suspendiert“, über sich selbst, über seine eigene Schuld nachzudenken, — *wir wären sonst gezwungen, es nicht „im vollen Umfang“ als denkendes Wesen anzuerkennen.*

Der moderne „wissenschaftliche“ Atheismus kann die Auseinandersetzung um Gott und Glauben weder interessanter machen, noch kann er uns die Verteidigung des Glaubens erschweren. Noch gilt: was wir getan haben, das haben wir getan! Wir Menschen können uns nicht davon distanzieren. Ob allerdings Gott die Zeit umkehren kann, ob Jesus unsere Schuld tatsächlich abschaffen kann, darüber wollen wir später etwas sagen.

Hinter den Kulissen des Atheismus

Die gesamte Los-von-Gott-Bewegung beruht auf Lüge und Betrug. Die vielen Millionen Hörer und Anhänger der atheistischen Lehren werden auch heute noch belogen und betrogen. Dieses Urteil trifft zuerst den Teufel, den „Lügner von Anfang“, wie Jesus ihn nennt. Es ist Lüge und Betrug, den christlichen Glauben durch eine einfach und allgemein gemeinte Leugnung Gottes oder durch „Beweise“ gegen seine Existenz zu bekämpfen. *Die Leugnung muß dem biblischen, dem neutestamentlichen Gotteszeugnis widersprechen.* Sie darf deshalb nicht lauten: Es gibt keinen Gott, sondern sie muß heißen: Es gibt keinen Gott, der unsere Sünden vergibt. Gott tritt nicht außerhalb und nicht vor, sondern er tritt mit der Sündenvergebung auf. Die Bibel kennt nicht einfach einen Gott, sondern sie bekennt den Gott der Sündenvergebung, den Gott der Gnade, der Liebe und des Heils. Als dieser Gott, und nur als dieser will er durch das Evangelium unter den Menschen bekanntgemacht werden. Das ist eine von keiner christlichen Konfession bestrittene Tatsache. Der gesamte Atheismus hat jedoch von der frühesten Aufklärung an bis in unsere Gegenwart hinein niemals in erklärter Weise den neutestamentlichen Vergebungs- und Heilsgott geleugnet, sondern im Grunde immer nur ein formeldürres Gottesgespenst. Er hat immer nur den „Gott der Philosophen", wie Pascal ihn nennt, nie den Gott des Evangeliums geleugnet. *Es hat zu keiner Zeit auf unserer Erde einen ausdrücklich als solchen bezeichneten Kampf gegen die Sündenvergebung gegeben.* Der Atheismus hat immer, wie einst die Pharisäer und Ältesten im Tempel zu Jerusalem, „das Volk gefürchtet", das in seiner Masse durchaus an der Vergebung der Sünden interessiert ist. Und wir erkennen nun hinter dem, was als menschlicher Atheismus auftritt, deutlich den „Vater der Lüge", den Teufel. Und wir durchschauen das Geheimnis seiner Erfolge, aller Erfolge der Gottlosenpropaganda: das Verschweigen der Sündenvergebung. Es wird die Gabe unterschlagen, um den Geber nicht bei den Menschen begehrenswert zu machen. Und so hat der vom Bösen gesteuerte Atheismus immer nur einen Teil der biblischen Wahrheit geleugnet: den für ihn ungefährlichen Teil. Immer hat er nur den Gott geleugnet, der eine Welt aus dem Nichts in das Dasein gerufen hat. *Nie hat er in direkter Weise den Gott geleugnet, der unsere Sünden aus dem Dasein in das Nichts gerufen hat.* — Uns will der Atem stocken angesichts dieser genialen Verführungskunst. Aus dem allmächtigen Schöpfer des Himmels und der Erden, an den wir Christen glauben, den wir aber nur in und durch Christus anbeten, wurde durch diese geniale Lüge der Gott der Philosophen und atheistischen Naturwissenschaftler. So wurde die Gottesfrage auf den denkbar niedrigsten Stand des Heidentums heruntergespielt. Dieser vom „Vater der Lüge" untergeschobene Halbgott hat die Gottesvorstellung unzähliger Menschen geprägt und prägt sie noch heute. Diesen von der Sündenvergebung isolierten Gott der Philosophien, gegen den es wahrlich tausend schlagende Beweise gibt, diesen Gott, der immer tot ist, wenn wir ihm nicht auf Golgatha begegnen, diesen Scheingott hat der Diabolos, der Durcheinanderwerfer, für die Augen und Ohren der Menschen zum einzigen und wahren Gott aufgebaut. *Diesen „Gott" bekämpfen die Geistesgrößen des Atheismus an unseren Universitäten.*

Das ist das Werk des Lügners von Anfang. Er hat einen falschen Gott gemacht und die Menschen sich darüber streiten lassen. Er tat es in der Gewißheit, daß hinter der Lärmkulisse dieses Streites der Gott der Vergebung nicht gehört wird. Und er hat auf diese Weise den gesamten Gottesbegriff anrüchig gemacht und diffamiert und im Dröhnen dieses Lügengewitters das Wort der Vergebung zu einem Hauch ersterben lassen.

Da stehen wir heute, das ist die gegenwärtige Lage. Doch das Wort von der Vergebung, das Wort vom Kreuz hat die Gemeinde Jesu durch die Jahrtausende getragen, und sie weiß, daß der Lügner von Anfang nicht das letzte Wort behalten wird. Das letzte Wort wird der behalten, der auch das erste Wort, das Wort des Heils, gesprochen hat, der im zeitlosen, im „ewigen Evangelium" zu uns spricht: „Dir sind deine Sünden vergeben!" Wenn wir unser Bekenntnis zu Gott und Jesus in dieser Weise als „Schwert des Geistes" gebrauchen, dann wird jeder Atheist von seinem Lehrstuhl steigen und sein Haupt verhüllen. *Denn dieses Bekenntnis wird ihn zu einem Gegenbekenntnis zwingen, das auf seinen Lippen umkehrt und seine Seele erschauern läßt.* Er wird das Credo der Hölle aussprechen müssen, das immer nur lauten kann: „Es gibt keine Sündenvergebung, auch nicht für mich!"

Wir haben keine Ursache, Männer, die so sprechen, zu fürchten. Unsere Gegner heißen nicht Nietzsche, sondern Nero.

Der „Abschied vom Christentum" findet nicht statt

Paulus schreibt in Kolosser 2, 14. 15:

> „Getilgt hat er den Schuldbrief, der wider uns war und durch die Satzungen gegen uns stand, und hat ihn aus der Mitte weggetan und an das Kreuz geheftet. Er hat die Reiche und die Gewaltigen ihrer Macht entkleidet und sie öffentlich zur Schau gestellt und hat einen Triumph aus ihnen gemacht in Christus."

In diesen Worten klingt eine Siegesstimmung auf, die uns fremd geworden ist. Was hier in den außerweltlichen Regionen geschehen ist, das können wir auf unserer Erde nur in gelegentlichen schwachen Andeutungen erkennen. In der irdischen Öffentlichkeit steht der Unglaube nicht am Pranger. Der Atheismus ist vielmehr eine strahlende Macht, die argumentierend und beweisend die Menschen in ihren Bann schlägt. Von einem Triumph über ihn kann nicht die Rede sein. Im Gegenteil: der Glaube steht am Pranger; Gott wird verspottet; Jesus wird verachtet!

Das muß nicht so sein. Paulus sagt an anderer Stelle:

> „Gott aber sei Dank, der uns allezeit im Triumphzuge umherführt in Christo und den Geruch seiner Erkenntnis an jedem Ort durch uns offenbart" (2. Kor. 2, 14).

Wir wissen, daß es immer wieder in der Geschichte der Kirche Zeiten des Sieges, der geistlichen und geistigen Erneuerung gegeben hat. Das Christentum ging nicht nur in die Irre, sondern es war der Welt auch Wegweiser zum Guten. Es war oft Segen und Salz der Erde. Und nichts fehlt uns heute, den Menschen den entscheidenden Heilsdienst zu tun. Wir haben keine Ursache, wie gelähmt und hypnotisiert auf die Großmächte des Unglaubens zu starren. Es ist nicht mittelalterlicher Aberglaube und nicht Magie, daß der Teufel vor dem Kreuz Jesu Angst hat. *Wir tragen in uns selbst das Zeug-*

nis, daß der Atheismus kapitulieren muß, wenn Jesus und Sündenvergebung als unlösliche Einheit gepredigt werden. Die Feinde des Glaubens fürchten diese Predigt, denn sie können sie nur mit einer Waffe bekämpfen, deren Griff schärfer geschliffen ist als die Klinge. Gott hat es uns geschenkt, daß wir sie in aller geistlichen und geistigen Vollmacht bloßstellen können. Und wir sind durchaus nicht in die Bedeutungslosigkeit des Christentums verliebt.

Hinter der Vergebung der menschlichen Schuld und Sünde steht die ganze Majestät und Souveränität des dreimal heiligen Gottes, sie enthält die Gegenwart der Heiligen Dreieinigkeit, das Blut der Gottheit selbst ist für sie geflossen. Hier kann und darf es auf die Dauer keine ungestörte Kritik und keinen selbstsicheren Protest geben. Es gibt deshalb auch keinen Grund zur Verzagtheit, wenn auch Atheisten und moderne Theologen schon ihre Siegesfeiern gehalten haben. Wenn es auch den Anschein hat, als würde das Christentum an den Rand der Weltereignisse gedrängt, als müßte es sang- und klanglos von der Bühne der Weltgeschichte abtreten. Gott erinnert uns an die „sehr kostbare Perle", an die Vergebung unserer Sünden, und wir erkennen, daß seine Feinde zu früh gejubelt haben. Sie haben tapfer gekämpft, sie haben gewaltige Schlachten geschlagen, sie haben ein Trommelfeuer von „Argumenten" und „Beweisen" auf uns niedergehen lassen, sie haben sich nicht geschont und ihr ganzes Pulver verschossen, aber nun fängt der „Krieg" erst richtig an. Sie haben den „Gott im Himmel droben" für tot erklärt und „den Gott auf der Erde drunten", den Heiligen Geist, vergessen, den Geist, der uns nicht denken und sagen läßt, daß es keine Sündenvergebung gebe.

Wir können jederzeit aufbrechen zu einem Feldzug des Heils. Nichts fehlt uns, Scharen von „Atheisten" zu Gott zu führen. Und es steht nirgendwo geschrieben, daß wir nicht Großes erbitten und erwarten dürfen.

Auf einer der ersten Seiten dieses Büchleins sagte ich, daß diese Arbeit nur eine Formulierungshilfe sein kann. Es sollte nichts Neues, sondern nur das ausgesprochen werden, was wir eigentlich schon immer gewußt haben. Wie könnte es auch anders sein? Nur das Wort vom Kreuz ist die Kraft des Christentums. Mit diesem Wort kann ein jeder von uns zu seinem Teil und in seinem Wirkungsbereich die atheistische Welt aus ihren Angeln heben. *Und nur das Wort vom Kreuz gibt dem Christentum in unserer Welt Wert und Würde, Rang und Namen.* Dieses Wort allein verhilft uns auch zu einer zutreffendden Bezeichnung, zu einer praktischen Definition des Atheismus. Nach dieser Definition ist ein Atheist einfach und schlicht ein Mensch, der erklärt, daß es für ihn keine Sündenvergebung gebe. Wenn wir uns diese Bestimmung zu eigen machen, wenn wir sie im christlichen Hausgebrauch, in der Öffentlichkeit, in den Kirchen und Universitäten anwenden, dann wird sie die Fronten klären und uns Zeit und Raum schaffen für unseren eigentlichen Dienst der Evangelisation.

Wir haben im Grunde keine Zeit für die theoretische Auseinandersetzung mit dem Atheismus. Und wenn es schon sein muß, dann haben wir ihn nicht zu bekämpfen, sondern zu besiegen. Paulus sagt in 2. Korinther 10, 4. 5:

> „Denn die Waffen, mit denen wir kämpfen, sind nicht fleischlich, sondern mächtig im Dienst Gottes, zu zerstören Befestigungen. Wir zerstören damit Anschläge und alles Hohe, das sich erhebt wider die Erkenntnis Gottes.“

Unser wahrer Feind, den wir nie ganz besiegen werden, ist der Atheist in uns selbst, d. h. die stets wache Versuchung, nicht zu vergeben. Unsere wahre Not ist unsere Lieblosigkeit und unsere Blindheit gegenüber dem mannigfachen Elend in der Welt. Doch auch in dieser Lage kann uns nur der helfen, der für unsere Sünden gestorben ist.

Christen unter Anklage

Wir haben den Atheismus umfunktioniert zum Antitheismus und zu einer sozialen Unheilslehre und ihn damit in seinem wahren Wesen dargestellt. Doch das wäre ein billiger und ungerechter Triumph, wenn wir nicht auch sagen wollten, wo und wann immer Atheismus anzutreffen ist. Denn wir haben nicht nur im anderen Lager aufmerksame Beobachter, sondern wir sind auch und zuerst um Jesu willen zur Wahrheit und Gerechtigkeit verpflichtet.

Atheismus herrscht immer und überall dort, wo nicht das „Prinzip Vergebung" herrscht. Wenn wir nicht selbst vergeben, dann leugnen wir Gott durch Wort und Tat. Doch wir wagen es kaum, in unsere Vergangenheit und in die Geschichte des Christentums zurückzublicken, wenn wir das bedenken. Wir haben jedoch das Wort von der Vergebung nicht gehört, um es hier und jetzt zu vergessen. Mit Paulus dürfen wir vielmehr sprechen: „Ich vergesse, was dahinten liegt, und strecke mich aus nach dem, was vorn liegt" (Phil. 3, 13). Und es ist nicht unser Verdienst und nicht unser Werk, daß wir vergessen dürfen. Vom Kreuz Jesu kommt die Botschaft, daß das Alte vergangen und Neues geworden ist. Fassungslos dürfen wir dieses Geschenk der Gnade betrachten. Die Vergebung unserer Sünden ist das Wunder unseres Lebens. Denn wir sehen die Abgründe, die uns in der Vergangenheit von Gott, von seinem „Prinzip Vergebung", getrennt haben. Wir sind nicht taub gegen die Stimme unseres Gewissens und weisen die Vorwürfe unserer Kinder nicht zurück. Wir widersprechen nicht den Anschuldigungen gegen ein Christentum, das im privaten und öffentlichen Bereich, in Krieg und Frieden dem Haß und der Vergeltung Raum gegeben hat und damit aus der Nachfolge Christi ausgetreten ist. Wir kennen die alte und neue Kirchengeschichte nicht schlechter als unsere Gegner. Aber wir kennen auch die Macht Gottes, die uns aus der heillosesten Verstrickung befreien kann.

Wir wissen, und auch Gott weiß, daß wir in uns selbst nicht die Kraft zur wahren Buße besitzen. Auch wir sind in unserer menschlichen Natur Liebhaber der Vergeltung und der Rache, aggressive und böse Menschen. Auch wir kennen den Lustgewinn, den uns Macht und Bosheit bereiten, nicht weniger als unsere Ankläger und Richter, die linken „Zuchtmeister" des Christentums. Aber wir können uns von ihnen nur den Dienst der Anklage tun lassen, ihre Art und Weise des Bessermachens können wir nicht übernehmen. Ja, wir können nicht einmal umkehren, wir können uns nicht einmal von unserer atheistischen Vergangenheit distanzieren, ohne sie zu verletzen. Selbst unsere Buße wird sie ärgern. Denn wir können nur Buße tun im Namen Jesu. Wir können nur Buße tun im Namen dessen, der für unsere Sünden gestorben ist.

Die Heilige Schrift ist wahrlich eine *heilige* Schrift. Sie weiß Dinge, „die in keines Menschen Herz gekommen sind". Sie weist uns den Weg aus einer Vergangenheit und Gegenwart, derer wir uns schämen müssen. Sie hilft uns zur Umkehr, zur Bewußtseinsveränderung und zu einem neuen Verhalten, wo alle nur menschlichen Versuche unzureichend sind. Sie ruft uns „im Namen Jesu" zur Buße auf (Luk. 24, 47). *Nicht im Namen der Zehn Gebote, nicht im Namen einer göttlichen Weltordnung, nicht im Namen des Anstandes, der Moral oder der Humanität, sondern „im Namen Jesu"*.

Buße im Namen Jesu! Sündenerkenntnis, Sündenbekenntnis, Reue und Umkehr im Namen Jesu!

Was heißt das? *Es heißt, daß uns die Vergebung unserer Sünden auf die Bußbank zwingt.* Denn Jesus ist nicht von der Sündenvergebung zu trennen. Er kann ohne sie nicht gedacht werden und darf ohne sie nicht genannt werden. Und das heißt nun, daß wir unsere Buße nicht selbst produzieren müssen, sondern daß sie uns durch den geschenkt wird, dem wir die Vergebung verdanken. Sie kommt nicht aus uns, aber sie kommt zu uns. Sie ist das Ergebnis unserer Begegnung mit Jesus. Und wir weisen sie um seinetwillen, um seiner Vergebung willen nicht zurück. *Unsere Buße ist kein isolierter Vorgang, nach dessen Abschluß und Vollendung sich Jesus vergebend zu uns wendet, sondern sie geschieht unter den Augen dessen, der stellvertretend und vergebend für uns am Kreuz hängt.* Das gilt für uns und für jeden anderen Menschen. Auch Atheisten werden nicht „einfach so“, sondern nur im Namen Jesu zur Buße gerufen. Die christliche Buße ist immer nur Buße unter dem Kreuz, sie geschieht nicht unter den Augen eines göttlichen Gesetzgebers und Richters, sondern unter den Augen des göttlichen Gesetzgebers, der für uns gerichtet worden ist.

Hier bewältigen wir unsere unchristliche, unsere atheistische Vergangenheit. Da fragt man uns, ob wir sie wirklich bewältigen, ob es sich nicht doch um einen frommen Selbstbetrug handelt. Ist unsere Schuld wirklich ausgelöscht? Kann Gott, wie wir schon einmal gefragt haben, tatsächlich „die Zeit umkehren“? Kann Jesus in Wahrheit ungeschehen machen, was geschehen ist?

Der christliche Glaube ist kein bloßes Anhimmeln einer „höheren Macht“. Es geht hier vielmehr tatsächlich um die Frage, wie Dinge, die geschehen sind, ungeschehen gemacht werden können. Und die Antwort kommt in Worten zu uns, die tausendfach an allen Wegen des Abendlandes zu lesen sind: „Siehe, das ist Gottes Lamm, welches der Welt Sünde (alle Sünden aller Zeiten) trägt!“ (Joh. 1, 29). Der griechische Grundtext spricht hier von Schuld aufheben, von Schuld wegnehmen und vernichten. Gott, der „in Christo war“, greift in die Zeit ein und reißt aus ihr heraus, was in ihr geschehen ist. Und die Frage, ob es sich tatsächlich so verhält — *das ist die Gottesfrage, die wahre Gottesfrage, wie sie sich dem schuldigen und verlorenen Menschen zuallererst stellt. Und die so unendlich komplexe, vielschichtige und verzweigte Gottesfrage verwandelt sich in die Jesusfrage: „Hast du mich lieb?“*

Nur aus Gedankenlosigkeit kann man jetzt noch den christlichen Glauben einen frommen Selbstbetrug nennen. Denn der christliche Glaube ist Liebe zu Jesus und schließt darin die Überzeugung ein, daß Jesus ungeschehen machen kann, was geschehen ist. Unser Glaube an ihn, unsere Liebe zu ihm erlaubt uns nicht, die konkrete Tatsache der Aufhebung unserer Schuld auszuklammern. Und „unsere Liebe zu ihm“, — das ist in der Substanz seine Liebe zu uns. Das ist ein unerschütterliches Gefüge, das nicht in uns, sondern in ihm seine Grundlage hat. Und so trägt auch nur er die Last der Verteidigung unseres Glaubens. Und allein als der, der uns von seiner Liebe überzeugt hat, ist er auch der, der unsere unchristliche und atheistische Vergangenheit bewältigt.

Und unser Glaube ist Staunen. Wir können zur Frage unserer bösen Vergangenheit in unserem eigenen Namen keine Erklärung abgeben. Jesus erklärt uns für nicht zuständig. Denn wir leben nur im Namen Jesu. Unter allen Anklagen, die von allen Seiten, auch von seiten unseres eigenen Gewissens, gegen uns erhoben werden, können wir nur auf das Kreuz von Golgatha hinweisen, auf unseren Stellvertreter. Das sollen unsere Ankläger und Richter wissen. Das soll auch die kritische Jugend hören, der wir durch unsere Vergangenheit zu einem schweren Ärgernis geworden sind. Jeder Christ ist wesentlich und zuerst deshalb ein Christ, weil er in Jesus den gefunden hat, der die Last seiner Schuld weggenommen hat. Damit ist jede konkrete Schuld gemeint, die er vor Gott und Menschen auf sich geladen hat. Dazu gehört auch jeder Atheismus in allen seinen Erscheinungsformen als „wissenschaftlicher Materialismus", als Faschismus oder Mammonsdienst.

Unter dieser Sündenvergebung, unter diesem Auslöschen unserer bösen Vergangenheit finden wir die Kraft zur Buße und zur Umkehr, zur wahren metanoia, zum „Umdenken". Wir tun Buße in dem Maße, in dem uns Jesus und seine Vergebung kostbar ist. Wir bekennen unsere Schuld so willig, wie wir die Vergebung unserer Schuld begrüßen. Nicht mehr und nicht weniger. Und so himmelhoch jauchzend unsere Freude über die Vernichtung unserer Schuld ist, so höllentief ist die Erkenntnis unserer Schuld und unserer Scham. Das Ganze ist ein einheitlicher, organischer, lebendiger Vorgang. Und es besteht hier ein „unendlich qualitativer Unterschied" zu aller Buße, die sich der Mensch in eigener moralischer Anstrengung abringt. Denn jeder nur menschlichen Buße fehlt das vollkommene und total heilige Gegenüber, an dem sie sich orientieren könnte. Nur angesichts einer totalen Liebe kann wahre Buße und Verleugnung des alten Selbst geschehen. Deshalb kann kein Appell an unsere „absolute Ehrlichkeit" das hervorrufen, was die Buße „im Namen Jesu" hervorruft. Kein aus unserem Willen kommender Bußrigorismus kann die Buße ersetzen, die im Namen Jesu geschieht. Kein moralischer Radikalismus, der sich bemüht, die letzten Tiefen unserer Verworfenheit bloßzulegen, ist in seinem Wesen und in seiner Wirkung dieser Buße vergleichbar, die sich auf die Liebe Gottes stützt, die in Jesus offenbar geworden ist. Alles „Aufdecken“ und „Bekennen“ als Anfangsakt unseres Glaubenslebens und als tägliche Übung lebt aus der Herrlichkeit der Vergebung unserer Sünden.

Ob uns unsere Umwelt ebenfalls vergibt und freispricht, das ist eine andere Frage. Es ist aber keine Frage, daß wir als Christen unseren Anklägern vergeben und sie freisprechen. Wir sehen in denen, die die schmutzige Wäsche des Christentums waschen, zuletzt nicht unsere Feinde, denn noch erkennen wir keine letzten Fronten an. *Wir vertrauen vielmehr auf das Wort vom Kreuz, auf den herzbewegenden und überwältigenden Zuspruch der bedingungslosen und totalen Sündenvergebung und hören deshalb in jedem Nein nur ein vorläufiges Nein.* Und wir wissen, daß unsere Buße andere zur Buße leitet. Wir erschöpfen uns nicht in der Behauptung der Rechtgläubigkeit und kennen kein exclusives Abschließen gegen „die arge, böse Welt“. Wir stellen uns vielmehr, auch hierin Nachfolger Jesu, unter die Schuld dieser Welt und tun Buße auch für ihren Unglauben. Und dank Christus wird unsere Anklagebank zur Zeugenbank.

... los von dem bösen Gewissen

Im Hebräerbrief finden wir atemberaubende Worte: „So lasset uns hinzugehen mit wahrhaftigem Herzen in völligem Glauben, besprengt in unseren Herzen und los von dem bösen Gewissen . . .“ (Hebr. 10, 22). Es sind Worte aus einer anderen Welt. Denn das böse Gewissen gehört zu uns wie Hand und Fuß, wie Pulsschlag und Sprache. Die Erfahrung der gesamten Menschheit muß dieses „los von dem bösen Gewissen“ eine Ungeheuerlichkeit nennen, eine maßlos übertriebene Behauptung, mehr noch: einen Irrwahn, einen Größenwahn. Denn die Menschheit kennt das gereinigte Herz nicht, sie kennt das gute Gewissen nicht. Keine außerchristliche Religion kennt diese „sehr kostbare Perle". Kein Religionsstifter hat es gewagt oder vermocht, seinen Anhängern diese Erlösung zu schenken. Und daß kein Religionsstifter es vermocht und gewagt hat, den Menschen für das Hier und Heute zu einem reinen Gewissen zu helfen, das beweist uns, daß keiner von ihnen Gott gesehen hat, daß keiner von ihnen über den Horizont der Welt hinausgeschaut hat.

Wir leben wahrlich in einer finsteren Welt. Nicht nur die nichtchristlichen Religionen, sondern auch die Weltanschauungen und Ideologien des Abendlandes schenken ihren Anhängern kein vom bösen Gewissen gereinigtes Herz. Die ganze Menschheit ist dem bösen Gewissen verhaftet. Und die Gegenmittel unserer Zeit heißen Wohlstandswahn, Rauschgift und ideologischer Fanatismus.

Und wir? Was sollen wir sagen? Sind wir „los von dem bösen Gewissen"? Wir können nur auf unser Angeld, auf unser Faustpfand aus dem „Jenseits" hinweisen, auf das Wort und das Blut Jesu. Er spricht zu uns: „Dir sind deine Sünden vergeben!" Unser Glaube besteht letztlich nur darin, daß wir „unsere Herzen nicht verstocken", daß wir uns nicht freiwillig aus diesem Himmel des Heils stürzen. Dieser Glaube kam aus der Predigt, und von unserer Seite ist nichts geschehen. „Wir sind sein Werk, geschaffen in Christo Jesu . . ." (Eph. 2, 10).

Eine andere Frage ist, ob wir aus eigener praktischer Erfahrung dieses „los von dem bösen Gewissen" kennen. Wenn wir uns unter dem Eindruck dieser Worte prüfen und unter unseren Mitchristen umhören, dann meinen wir, daß Jesus das Kleid des Heils zu prächtig ausgestattet habe. Es stimmt mit unserer inneren praktischen Erfahrung nicht überein. Wir wissen nicht, wie wir uns in einem solchen moralischen Staatsgewand bewegen sollen. Wir wagen uns mit dem Bekenntnis des Hebräerbriefes nicht in die Öffentlichkeit. Damit verraten wir einen gesunden Instinkt. Wir können nicht über die Vergebung unserer Sünden jubeln und jauchzen, wenn uns die

Grausamkeiten und Ungerechtigkeiten dieser Welt anstarren. Und nicht nur das. Es ist wahr, daß wir Jesus nur wenig lieben und nur wenig an ihn glauben und deshalb nur wenig den Frieden Gottes verspüren, der höher ist als alle Vernunft. Aber trotzdem: Nietzsche hätte besser nicht gesagt, daß wir Christen erlöster aussehen müßten, wenn er an unseren Erlöser glauben sollte. Es ist sehr unklug, dem Volke Gottes diesen Vorwurf zu machen und Jesus in dieser Weise herauszufordern. Es zeugt von einer geringen Reife und läßt viel psychologische Einsicht und Erkenntnis vermissen. Denn erlöste Menschen sind gefährlich. Menschen, die nach Nietzsches Begehren „Erlöste" sind, die ein „gutes Gewissen" haben, die sich ihrer Unschuld bewußt sind und dementsprechend in der Öffentlichkeit auftreten, sind für ihre Umwelt eine Zumutung. Sie stürzen alle „Nichterlösten" in die schwersten Konflikte. Das Christentum, das Nietzsche sehen wollte, — es würde die ganze übrige Menschheit in eine heillose Krise des Selbstbewußtseins stürzen. Deshalb ist „das gute Gewissen", das als dauerndes Unschuldbewußtsein erfahren wird, eine Sache der Eschatologie, der „letzten Dinge". Es kommt nur am Ende (und am Anfang) der Menschheitsgeschichte vor.

Das Bewußtsein der Unschuld kann nur für Augenblicke im Stande der Verzückung erlebt werden. Und wer es je erlebt hat, der stand schon mit einem Fuß in der anderen Welt. Deshalb können wir in unserem Erdenleben die Vergebung unserer Sünden nur wie Blinde betasten. Wohl werden uns Augenblicke der vollen Entlastung und Befreiung unseres Gewissens geschenkt. Dann wird „. . . unser Haupt mit Öl gesalbt, und unser Becher fließt über", wie es im 23. Psalm heißt. Wer aber diese Erfahrung gemacht hat, der weiß auch, daß wir noch in einem Stande sind, in welchem wir diese Fülle des Heils nicht zu fassen vermögen. Leib, Seele und Geist können die Erschütterung, die das Bewußtsein der Unschuld hervorruft, nicht lange ertragen. Deshalb wollen wir uns nicht selbst böse sein und nicht ein hektisches Christentum produzieren, das mit unserer Herzenserfahrung nicht übereinstimmt. Wir leben als Christen auf dieser Erde mehr von dem, was uns von oben lockt, als von dem, was wir praktisch bei uns vorfinden. Wir leben nicht nur im Glauben, sondern auch noch in der Hoffnung. Aber wir wissen, daß sie sich erfüllen wird.

Die Zukunft ist uns verborgen, aber wir kennen den Ausgang der Weltgeschichte. Wir kennen ihn deshalb, weil wir den Anfang der Weltgeschichte kennen. Er steht im Zeichen des Kreuzes von Golgatha. Was dort geschehen ist, als die Liebe für uns zur Sünde wurde, das geschah wohl *in* dieser Welt, aber es war nicht *von* dieser Welt. Als Ewigkeitsereignis geschah es über der Zeit und damit vor aller Zeit, vor aller Welt. Was auf Golgatha geschehen ist, das ist qualitativ „älter" als die Schöpfung. So verstehen wir auch Paulus, wenn er schreibt: „Gott war in Christo und versöhnte die Welt mit sich selbst" (2. Kor. 5, 19). Wenn wir hier lesen „die Welt", dann umgreift dieser Ausdruck das gesamte geschaffene Dasein, „die ganze Welt". Und damit wird Jesus an seinem Kreuz dieser ganzen Welt in allen ihren Dimensionen und Erscheinungen von ihrem ältesten bis zu ihrem jüngsten Tage gegenübergestellt. Und damit wird er dieser gesamten Welt vorangestellt. Es ist die Zuversicht Gottes selbst, die er der Menschheit mitteilen möchte, daß er diese unsere Welt nicht ohne das Kreuz von Golgatha geschaffen hat. Er hat, wie die Schrift sagt, „vor Grundlegung der Welt" in Jesus Christus geantwortet, ehe noch ein Mensch nach Erlösung rief.

Wer wie Paulus von der „Herrlichkeit des Christus" überzeugt ist, der kann auch mit ihm in aller Zuversicht sagen: „Aber in dem allen überwinden wir weit durch den, der uns geliebt hat. Denn ich bin gewiß, daß weder Tod noch Leben, weder Engel noch Fürstentümer noch Gewalten, weder Gegenwärtiges noch Zukünftiges, weder Hohes noch Tiefes noch keine andere Kreatur kann uns scheiden von der Liebe Gottes, die in Christus Jesus ist, unserem Herrn" (Röm. 8, 37. 39).

Unter diesen Worten löst sich der Unglaube auf wie „eine Wolke am Mittagshimmel", und wir sehen die Welt vor uns liegen wie ein weites Feld, „reif zur Ernte". Diese Ernte, die große Stunde des Christentums, liegt noch vor uns. Das Bild der Ernte enthält eine bedeutsame Verheißung. Es wird eine „Vollzahl" und „viel Frucht" in die Scheuer Gottes eingebracht. Das Wunder des Evangeliums, das Wort vom Kreuz wird die Welt bewegen. Der Betrug des „Lügners von Anfang“ wird offenbar, und wo der Atheismus triumphierte, da werden Scharen, „die niemand zählen kann“, dem Reiche Gottes zugeführt. Denn heute und morgen ist die Zeit der Wunder Gottes, und bis Jesus wiederkommt, heißt das Gebot der Stunde Barmherzigkeit.

GOLDENE WORTE BÜCHEREI

1 W. Koller: Blumhardts Kampf
2 Dr. A. Lechler: Leg deine Nerven in Gottes Hand
3 Dr. A. Lechler: Mannhaftes Christentum
4 Goldene Worte für Zeit und Ewigkeit
Sammlung der Sprüche der Plakatmission
5 Dr. A. Lechler: Frei von Angst
8 Dr. A. Lechler: Kennst du Christus?
9 Dr. A. Lechler: Briefe an Angefochtene
10 Dr. A. Lechler: Der rechte Seelsorger
11 Dr. A. Lechler: Der seelische und der geistliche Christ
13 Dr. A. Lechler: Was sagt die Bibel über die Krankheit und ihre Heilung?
14 Dr. P. Müller: Probleme des Lebens in biblischer Sicht
16 L. Thimme: Vermißt und doch geborgen
17 H. Bornhak: Diakonie heute gefragt?
18 Dr. A. Lechler: Die ihr mühselig und beladen seid
19 Prälat D. Metzger: Die Biblische Botschaft
über Krankenheilung und Glaube
21 Landesbischof D. Lilje: Weltreich und Gottesreich
22 Prof. Lic. Dr. Philipp: Das Rätsel des Menschen
23 H. Bruns: Seelsorge ganz praktisch
24 Prof. Dr. Rohrbach: Aufgefahren gen Himmel
25 W. Lüthi: Der liebe Jüngste Tag
27 Bischof Dr. Dibelius: Der Auftrag der Kirche in einer veränderten Welt
28 P. Deitenbeck: Lohnendes Leben
30 G. Seidenschnur: Geheimwissenschaft oder Evangelische Wahrheit?
32 Prof. Dr. Rohrbach: Geboren von der Jungfrau Maria
33 Dr. E. Lubahn: Seelsorger gesucht!
34 Fr. Schmid: Von der Bestimmung des Menschen
35 E. Wunderer: Seelsorgerlicher Religionsunterricht
37 O. K. Walther: Dieser Jesus
38 H. Donath: Die Familie heute unter Not und Verheißung
40 Dr. E. Lubahn: Triumph der Gnade
41 H. Kemner: Wetterleuchten des Weltendes
42 Prof. Dr. Rohrbach: Der Glaube an den Dreieinigen Gott
43 Dr. Schlichting: Wahrhaftig auferstanden!
44 H. Kemner: Verkündigung heute
45 Dr. A. Lechler: Krankheit oder Dämonie?
46 H. Venske: Die goldenen Worte meines Lebens
47 H. Venske: Wie es morgen sein wird
48 H. Kemner: SOS — Rauschgift oder Freiheit?
49 Dr. E. Lubahn: Was fange ich mit Jesus an?
50 E. Zachhuber: Brücken zum Glauben
51 Dr. E. Lubahn: Liebe — Ehe — Sexualität
52 E. Meinert: An der Grenze des Glaubens
(wird fortgesetzt)